Oetinger

Maritgen Matter

Ein Schaf fürs Leben

Deutsch von Sylke Hachmeister
Bilder von Anke Faust

Verlag Friedrich Oetinger · Hamburg

Es war ein kalter Winterabend.
Missmutig trottete Wolf mit seinem Schlitten durch den Schnee.
Ein eisiger Wind pfiff ihm durch die Mütze.
„Hunger, Hunger, Hunger!“, murmelte er im Takt seiner Schritte, um den Mut nicht zu verlieren.
Seine goldene Armbanduhr funkelte im Mondlicht.
Prächtig war sie – aber was hatte er jetzt davon! Immer tiefer sank er im Schnee ein, während er den schweren Schlitten ächzend den Hügel hinaufzog.

„So ein Elend“, murrte Wolf. „Nichts im Haus als eine Flasche Wein. Jetzt muss ich bei diesem Hundewetter außer Haus essen …“ Der Schnee ging ihm schon bis zu den Knien.

Als er oben auf dem Hügel stand, sah er einen einsamen Bauernhof. Mit gemütlichem Licht hinter den Fenstern. Und einem großen Stall daneben.
Wolfs Augen begannen zu leuchten.
Das sieht mir nach einem netten Restaurant aus!, dachte er. Sein Magen fing lebhaft an zu knurren und er fuhr schnell nach unten.

Lautlos parkte er den Schlitten im Mondschatten – und machte vorsichtig die Stalltür auf.

Drinnen war es warm und dunkel.
„Guten Abend“, sagte Wolf mit seiner tiefsten Bassstimme.
Er hörte ein Rascheln.
Ein Stier? Ein großer Wachhund?
„Wer ist da?“, blökte ein feines Stimmchen.
Wolf atmete erleichtert auf. Das klang nach Schaf. Ein Schaf, das ganz allein im Stall lag.

„Wir wollen die Sache mit Stil angehen“, murmelte Wolf. Er nahm seine Mütze ab und fuhr sich mit einem Elfenbeinkamm durchs Haar.
„Was ist?“, rief Schaf mit spitzer Stimme. „Wird das noch mal was?“ Was war das für eine merkwürdige Gestalt an der Tür? Was wollte dieses Wesen mitten in der Nacht im Stall?
Wolf lehnte sich locker an den Türrahmen. „Verzeihen Sie, dass ich Sie in Ihrer Nachtruhe störe, aber die Sache ist die, dass es mich, der ich ein Wolf bin, ziemlich dringend nach einem Häppchen verlangt.“
„Was?“, fragte Schaf.
„Hunger“, antwortete Wolf. Er ging auf knirschenden Sohlen drei Schritte näher heran.

„Ach so", sagte Schaf. „Sag das doch! Wir haben hier Hafer, altes Brot und Heu. Nimm dir, was du willst!" „Haben Sie nichts anderes?", fragte Wolf.

Er stand lässig am Gatter und schaute Schaf eindringlich an. Das Mondlicht fiel in seine gelben Augen.

„Nein, das ist alles. Magst du kein Heu?“, fragte Schaf.
„Ich fürchte nein“, sagte Wolf.
„Dann hast du auch keinen richtigen Hunger“, sagte Schaf.
„Ich fürchte doch“, sagte Wolf.
Und da schwang er sich plötzlich über das Gatter und plumpste direkt neben Schaf ins Stroh.
„He, was soll das?“, rief Schaf. „Das ist mein Bett! Ich rufe Esel und Hund und …“

„Regen Sie sich doch nicht auf", lispelte Wolf. „Ich möchte Ihnen nur ein bisschen Gesellschaft leisten."
Das wird gar nicht so einfach, dachte er. Das Vieh macht zu viel Theater. Gleich werden noch alle wach. Ich muss es aus dem Stall locken, weit weg. Genau, das mache ich.
Nachdem er nacheinander mit allen Fingern geknackt hatte, sagte er: „Die Sache ist die. Wir unternehmen etwas Schönes zusammen. Jetzt gleich. Und zwar machen wir eine Schlittenfahrt. Na?"

Schaf sah ihn mit runden Augen an. „Und was ist mit deinem Hunger?“
„Ach, das ist doch nebensächlich“, sagte Wolf, und er versuchte seinen knurrenden Magen mit Hüsteln zu übertönen. „Das ist nicht das Entscheidende im Leben. Erfahrungen, darauf kommt es an. Das möchte ich Ihnen heute Nacht zeigen.“
Erfahrungen … grübelte Schaf. Wo mag das sein?

„Ist das sehr weit weg, Erfahrungen?“, fragte Schaf.
„Es ist näher, als Sie denken“, sagte Wolf, während er seine Krallen betrachtete. „Kommen Sie. Ich nehme Sie mit auf einen Ritt!“ Er klopfte sich das Stroh von den Kleidern.
„Du bist ein Dichter!“, rief Schaf überrascht.
„O ja, auch das bin ich“, sagte Wolf.
„Bist du Künstler? Kommst du aus der großen Stadt?“, fragte Schaf neugierig.
„Warum nicht“, antwortete Wolf. „Aber kommen Sie. Die Zeit drängt.“ Er sah auf seine goldene Uhr.
„Was ist das?“, fragte Schaf. „Ist das aus Gold?“
„Ja“, sagte Wolf. „Das ist ein Zeitmesser. Ihre Zeit ist gekommen. Ich meine, es ist Zeit zu gehen. Ich verspreche Ihnen, dass es eine unvergessliche Fahrt wird!“

Schaf starrte Wolf mit offenem Mund an. Ein Dichter aus Erfahrungen! Mit einem wichtigen Zeitdings aus Gold! Schnell zog Schaf seine Stiefel an und band sich einen Schal um.

Draußen schien der große runde Mond auf den Hof. Aufgeregt hopste Schaf um den herrlichen Schlitten herum.

„Wie schön die Kufen blitzen! Wie Silber!“, rief es.

„Die sind gerade geschliffen worden“, sagte Wolf. „Aber nehmen Sie Platz! Nehmen Sie doch bitte Platz!“ Und er klopfte einladend auf den Sitz.

Schaf setzte sich und schaute sich mit leuchtenden Augen um. Wie schön es nachts draußen war! So anders! Aber auch ein bisschen gruselig. Ein Glück, dass Wolf dabei war.

Und jetzt schnell zu einem einsamen Plätzchen, dachte Wolf. Und dann … Summend begann er den Schlitten den Hügel hinaufzuziehen.
Oben blieb er stehen.

Vor ihnen lag das verschneite Tal. Tief unten war ein zugefrorener kleiner See.
„Wie schön“, flüsterte Schaf.
„Nicht wahr, nicht wahr?“, sagte Wolf vergnügt. Mit dem Blick suchte er das Tal nach einer geeigneten Stelle ab. Der einsame See zum Beispiel.
„Wolf?“, sagte Schaf. „Ich find es so nett von dir, dass ich mitdarf nach Erfahrungen! Ist da alles aus Gold?“
„Alles“, antwortete Wolf.

„Und gibt's da auch Türme? Und Plätze?", fragte Schaf.
„Haushoch und himmelsbreit", antwortete Wolf.
„Und Brunnen und Parks?", fragte Schaf.
„Limonadenbrunnen und Kleeparks", sagte Wolf.
Schaf seufzte. „Lass uns schnell weiterfahren, Wolf. Ich kann es kaum erwarten. Ist es noch weit?"
Wolf antwortete nicht. Er hatte einen komischen Knoten im Magen und fummelte am Seil des Schlittens herum.

„Hast du immer noch so einen Hunger?“, fragte Schaf
„Ach, halb so wild“, sagte Wolf.
„O doch. Du bist ganz blass. Wenn wir in Erfahrungen sind, musst du was essen“, sagte Schaf besorgt.
„Das mach ich“, sagte Wolf. Und er stieß sich mit seinen großen Füßen ab.
Der Schlitten sauste fast senkrecht ins Tal hinab.
Schafs Schal flatterte im Wind, und seine Ohren flatterten mit.

Die Bäume und die Berge zischten vorbei und der kleine See in der Ferne wurde größer und größer.
Wolf saß vorgebeugt auf dem Schlitten. „Jiihaaa!“, schrie er und ließ das Seil knallen wie eine Peitsche.
Schaf klammerte sich an ihm fest.

„Hier kommen wir herangerollt
und meine Uhr, die ist aus Gold!“,

sang Wolf laut und stampfte mit einem Fuß auf den Schlitten. Er fuhr eine scharfe Kurve.

„Pass auf!“, quiekte Schaf. Es machte die Augen ganz fest zu. Esel würde ihm morgen nicht glauben. Eine Schlittenfahrt mit einem dichtenden Sängerwolf aus Erfahrungen!

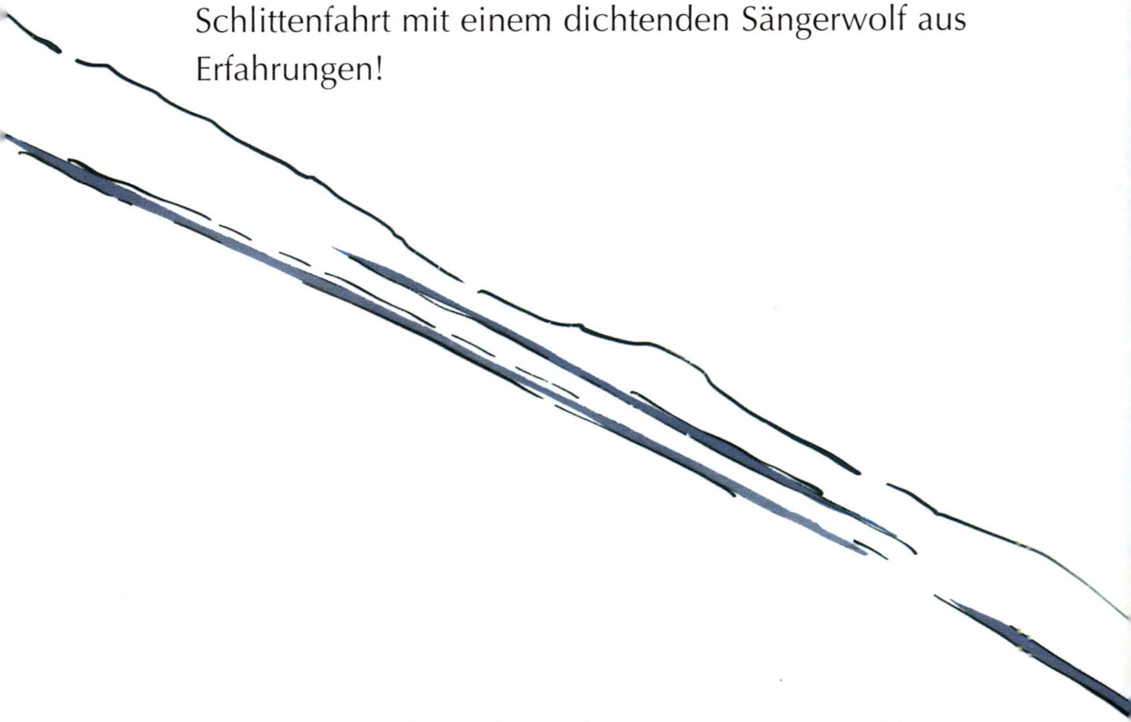

„Doch was ich am liebsten mag ...“, sang Wolf.
„... das ist Hafer jeden Tag!“, johlte Schaf ausgelassen.
„Oder Schaffleisch als Belag!“, sang Wolf mit sich überschlagender Stimme.
„Was?“, rief Schaf gegen den Wind.
„So eine Kälte heutzutag!“, sang Wolf schnell.

Er ist ein richtiger Dichter, dachte Schaf. Er schüttelt es einfach aus dem Ärmel.
„Halt dich fest, Schäfchen!“, rief Wolf, und er fuhr wieder eine scharfe Kurve. Schaf krallte sich an Wolfs Jacke fest.

Was für ein Wolf, dachte Schaf. So einen Freund hab ich mir schon immer gewünscht. Und es legte den Kopf an Wolfs Rücken.
Am Fuß des Berges blieben sie stehen.
Schaf fühlte sich noch ganz schwindelig von der Fahrt und machte die Augen einen Moment zu. Als es die Augen wieder aufmachte, waren sie am Ufer des Sees.

„Kleiner Zwischenstopp", sagte Wolf und machte sechs Kniebeugen.
„Hier ist es aber still", sagte Schaf, während es sich umschaute. „Kann man Erfahrungen von hier aus schon hören?"
„Die Stadt ist noch sehr weit", sagte Wolf. „Und hier wohnt niemand. Wir sind ganz allein."
Schaf schaute Wolf ins Gesicht. Er sah jetzt ein bisschen unheimlich aus.

„Vielleicht kannst du hier schon mal was zu essen finden, Wolf. Deine Augen sind ganz eingesunken vor Hunger! Magst du Wurzeln? Dann suchen wir Pflanzen und …“

„Ich mag keine Wurzeln“, sagte Wolf finster. Er zog den Schlitten mit Schaf darauf zu sich heran. „Welcher Wolf isst denn Wurzeln?“

„Aber … aber … dann vielleicht Blaubeeren? Nüsse? Erdbeeren?“

„Im tiefen Winter wächst das alles nicht, Schaf. Hier gibt es weit und breit nur eins, was man essen kann, und das ist …“

„Fisch!“, rief Schaf. „Natürlich! Wir schlagen ein Loch ins Eis und dann hängst du deinen Schwanz rein und dann …“

Fisch, dachte Wolf. Na gut, als Vorspeise. Und danach dann ein frisches Stück Schaf. Ein nettes Schaf ist es, das muss ich zugeben. Auf dem Rückweg wird's ganz schön still sein.

„Gut“, sagte Wolf. „Wir stampfen zusammen auf dem Eis, um somit ein Loch zu erhalten, aus dem wir dann einen Fisch fangen.“
Wenn sich das Schaf schön müde gestampft hat, kann es nicht mehr weglaufen oder sich wehren, dachte Wolf. Er fasste Schaf bei den Schultern und schob es zum See.

„O ja! Zusammen stampfen!“, rief Schaf. „Aber ich weiß noch was viel Besseres!“ Es lief zurück zum Schlitten und machte das Seil los.
„Wir hüpfen ganz kräftig Seil auf dem See, bis wir ein Loch ins Eis gehüpft haben!“
Es hat doch lustige Ideen, dachte Wolf. Seilchenspringen … das ist lange her. Ein famoses Schaf ist es, das muss ich schon sagen.
„Du bist ein famoses Schaf, Schaf“, sagte Wolf.
Schaf strahlte.

Zusammen gingen sie in die Mitte des Sees.
Schaf tänzelte vor Wolf her.
„Und wenn du deinen Fisch aufgegessen hast, gehen wir nach Erfahrungen, und dann zeigst du mir alles. Und dann will ich auch was Goldenes haben, einen Ring oder so, und der blinkt dann auch im Mondlicht, genau wie dein goldenes Armband."

„Zeitmesser", sagte Wolf.
„Genau wie dein Zeitdings, und dann gehören wir zusammen. Damit wir ganz oft mit dem Schlitten sausen und Sachen erleben können", sagte Schaf mit roten Wangen.

„Sachen erleben", murmelte Wolf. Er fühlte sich auf einmal sehr alt und müde. Jetzt würde er ein Loch stampfen und seinen eigenen Schwanz als lebendige Angel ins Eiswasser hängen, um einen kalten Fisch zu fangen. Während neben ihm ein saftiges, warmes Schaf stand. Saftig, aber nett.
Was ist bloß mit mir los?, dachte Wolf. Es muss jetzt sein.
Er hob eine Tatze.

„Hier, Wolf", sagte Schaf und legte ihm das Springseil in die Tatze. Es fing sofort an auf dem See zu hüpfen und zu singen.
„Teddybär, Teddybär, dreh dich um!", jubelte Schaf. Und Wolf sprang mit und ließ das Seil kreisen. So tief bin ich gesunken, dachte er. Ich springe Seil mit Schafen. Wenn das mein Vater sehen würde!

„Teddybär, Teddybär, mach dich krumm“, sangen sie jetzt zusammen, und sie mussten lachen, weil es sich so schief anhörte.
Sie sprangen fest, und unter ihren Füßen bildete sich schon ein schöner Stern im Eis.
„Noch ein bisschen, Schaf!“, rief Wolf, und er sang: *„Kleines Schaf, kleines Schaf, gleich macht's bumm!“,* ohne zu wissen, was er da sagte.
„Was?“, rief Schaf.

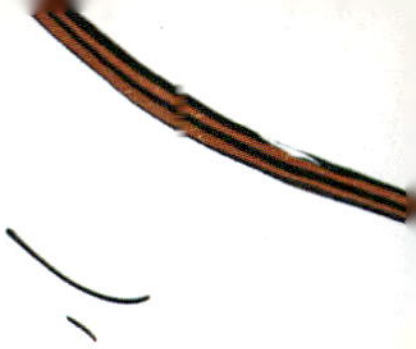

Aber Wolf hörte nicht. Er ging ganz in seinem Lied auf und stampfte und stampfte und der Stern wurde immer größer. Und Wolf sang immer weiter: *„Kleines Schaf, kleines Schaf, gleich macht's bumm! Kleines Schaf, kleines Schaf, du bist dumm! Kleines Schaf, kleines Schaf, du kommst um! Und dann gibt's Schaf mit Basilikum! Kleines Schaf, kleines Schaf, du …"*
Da ertönte ein gewaltiges KNACK.
Schaf sprang zur Seite –

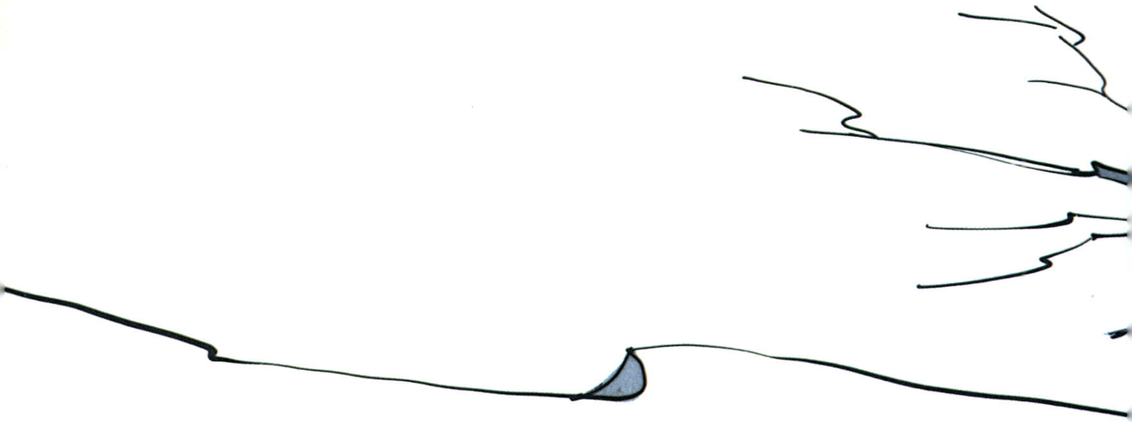

und Wolf verschwand mit einem Platsch im Eisloch.
„Wolf! Was machst du da!“, rief Schaf.
Aber es war schon zu spät.
„Was hast du denn da gemacht, Wolf“, jammerte Schaf.
Es rutschte auf dem Bauch übers Eis hin zu dem dunklen Loch.
Da trieb nur noch Wolfs Mütze mit dem roten Bommel.

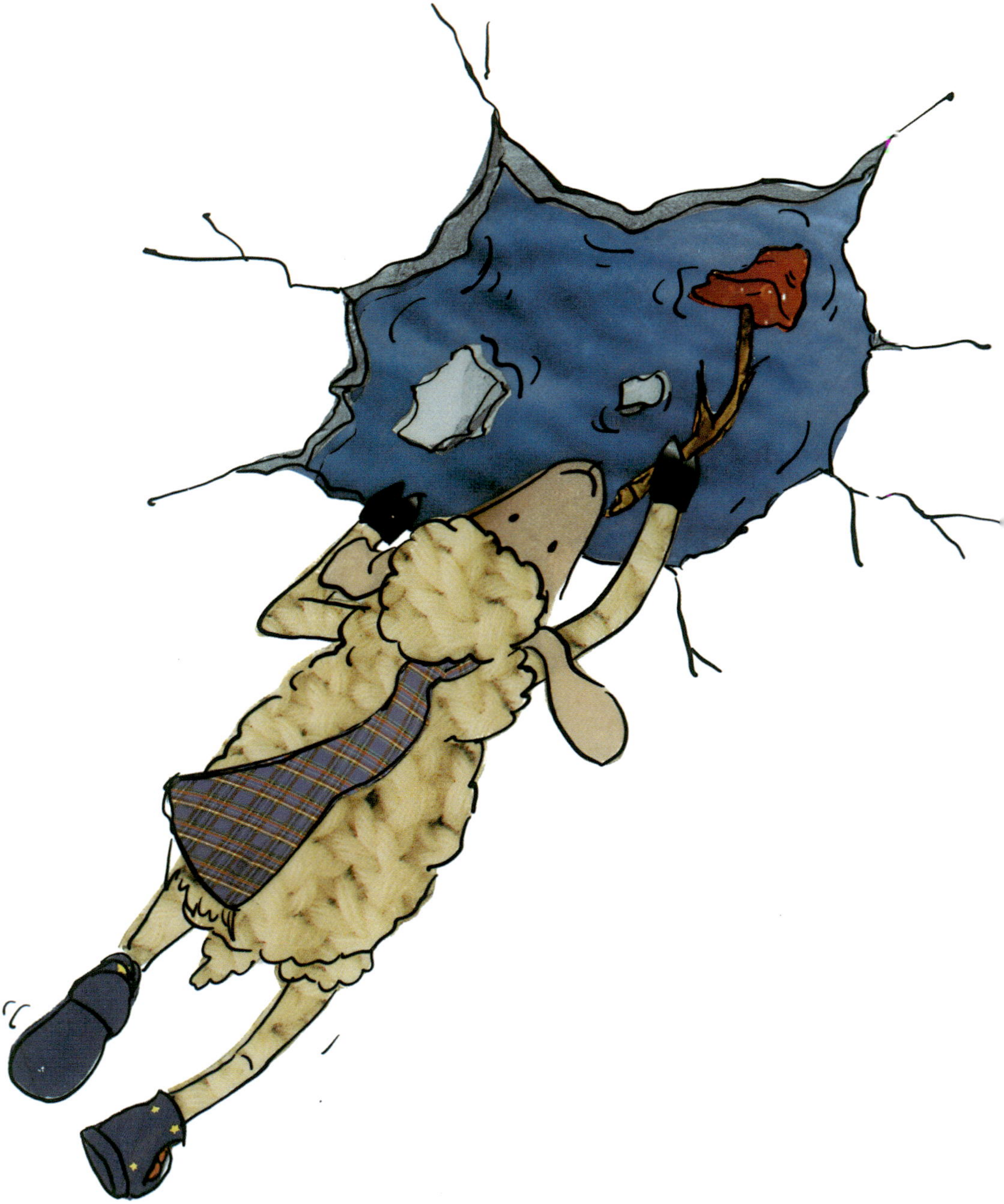

Schaf wurde mit einem Mal ganz tapfer. Bis zur Schulter rührte es im Eiswasser herum. Und fasste einen Arm. Schaf zog und zog mit aller Kraft – es war stark wie noch nie! Dann lag Wolf auf dem Eis.
Totenstill.
Seine lange Nase war lila vor Kälte. Seine Augen waren geschlossen.
„Wolf, aufwachen!", rief Schaf. „Du bist draußen! Jetzt musst du trocknen und dann können wir weiter mit dem Schlitten, du weißt schon, nach Erfahrungen, und …"
Schaf verstummte. Trocknen. Weitergehen.
Auf einmal kam es sich klein und dumm vor. Und mitten auf dem See war es ganz still und einsam. Rundherum nur weiße Berge und schwarze Wälder. Schaf bekam Angst.
„Wolf! Komm schon, mach die Augen auf! Hier ist es unheimlich ohne dich!" Schaf rüttelte Wolf an den Schultern und klappte ihm ein Auge auf. Ein gelbes Auge, das nichts sah. Aus Wolfs Nase kamen schwache Wölkchen. Seine Mütze lag wie ein nasser Lappen neben seinem Kopf.

„Gut“, sagte Schaf und stand auf. Es holte tief Luft. „Dann werde ich tun, was zu tun ist!“ Es hievte Wolf wie einen Baumstamm auf den Schlitten und stapfte los; es rutschte und stolperte mit den glatten Stiefeln. Die Berge hinauf und durch einsame Täler – i Richtung Erfahrungen.

Sie kamen durch einen dunklen Wald.
Als Schaf zwischen den schwarzen Stämmen herging, begann es vor Angst zu pfeifen. Wolf lag reglos auf dem Schlitten.
Immer wieder hielt Schaf an um zu gucken, ob da noch Atemwölkchen waren – Wolf könnte ja sterben, mitten in diesem gruseligen Wald!

Die Bäume sahen aus wie die dicken, schuppigen Beine von einem großen schwarzen Tier. Es war ein Tier! Von ferne hörte man, wie es die Tatzen eine nach der anderen aufsetzte. Ploff. Ploff. Oder war das der Schnee, der von den Zweigen herabfiel?
Schaf ging schneller und schaute starr geradeaus.
Da!
Was war das für ein leuchtendes Etwas zwischen den Bäumen?
Wie angewurzelt blieb Schaf stehen und guckte.

Es war kein Auge. Es war ein kleines Licht, das hinter einem Fenster schien.
„Ein Haus, mit Licht!“, flüsterte Schaf. „Wolf, wir sind gerettet. Da frage ich jetzt, ob du ans Feuer darfst.“
Schaf lief los.
Vor dem Holzzaun blieb es stehen. Warm und einladend schien das Licht nach draußen auf den verschneiten kleinen Garten. Schaf holte tief Luft und ging mit wackligen Knien zur Tür.
Heldenhaft klopfte es dreimal an. Und fiel vor Schreck beinah um, als die Tür von selbst aufging.
Mit klopfendem Herzen lugte Schaf hinein.

Drinnen war es hell und warm. Im Kamin brannte ein fröhliches Feuer und auf dem Tisch stand eine Öllampe aus Kupfer. In einer Ecke des Zimmers stand ein Bett mit Flickendecken.

„Ist da jemand?“, rief Schaf von der Tür aus.

Es kam keine Antwort.

Über dem Bett sah Schaf ein kleines Porträt hängen, ein freundliches, haariges Gesicht mit großen spitzen Ohren, das ihm vage bekannt vorkam. Das Kaminfeuer verbreitete eine herrliche Wärme im Zimmer.

„Wolf, wir gehen rein“, sagte Schaf. Es schob den schweren Schlitten ins Haus, bis vors flackernde Feuer. Wolf, der einem großen Eiszapfen sehr ähnlich sah, fing sofort an zu tropfen. Er schmolz.

Schaf rieb ihn mit dem Schal trocken, so gut es eben ging, und schaute sich dabei scheu um. „Haben Sie vielleicht auch warme Milch?“, rief Schaf zu den Wänden. „Oder heißen Tee? Wärmende Suppe?“
Im Häuschen blieb es still.
„Wissen Sie, mein Freund ist krank und durchgefroren, deshalb. Und somit!“
Schaf seufzte und schaute sich um. Auf einem Bord sah es eine Flasche mit einem roten Getränk stehen.

Es zog den Korken heraus und schnupperte. Das roch schön stark! Also nahm es einen Eisentopf und machte das Getränk auf dem Feuer warm. Schon bald war das Haus von einem herrlichen würzigen Duft erfüllt.
Als Wolf endlich ausgetropft war, lag eine große Pfütze unter dem Schlitten. Schaf zog ihm die Schuhe aus, hievte ihn aufs Bett und deckte ihn zu.
Behutsam begann es ihm kleine Schlucke des warmen Getränks einzuflößen.
„Wolf?“

Wolf schnarchte.
Schaf gab ihm noch ein paar Schlucke.
Wolf brummte leise und verzog das Gesicht. Dann seufzte er tief. „Saftige Safskeule“, murmelte er und bewegte einen Finger.

Schnell setzte sich Schaf zu ihm aufs Bett. „Wolf! Ich bin's, Schaf! Du weißt doch, wir sind zusammen Schlitten gefahren und dann wolltest du einen Fisch fangen und dann hast du auf dem Eis Seil gehüpft und bist in ein Loch gefallen. Und jetzt bist du hier mit mir in einem schönen Haus mit einem Feuer. Und jetzt musst du wieder gesund werden!“
Wolf machte ein Auge einen Spalt auf.

„Eisstiefel im Ofen“, murmelte er und machte das Auge wieder zu.
„Du fantasierst“, sagte Schaf. „Ich lege mich zu dir. Dann wirst du schön warm.“ Es zog die Stiefel aus und kroch unter die Bettdecke.
„Schaferdischaf …“, sagte Wolf zähneklappernd und legte einen Arm um Schaf. So schliefen sie zusammen ein.
Wolf träumte.

Er saß hungrig an einem gedeckten Tisch mit weißen Servietten und Kristallgläsern. Sein Teller glänzte im Licht des Kronleuchters, und er rieb sich die Hände vor Freude auf das Essen.
Dann ging die Tür auf. Ein Ober mit Zylinder kam feierlich mit einem großen silbernen Teller herein.
„Ihre Bestellung“, sagte er mit einer Verbeugung.

„Schaf mit Stiefeln." Und mit einer schwungvollen Geste nahm er den Deckel ab.
Da lag Schaf. Es schlief.

Mitten in den Kartoffeln.
„Aber … das ist ja Schaf!", rief Wolf.
Einige Gäste drehten sich um und sahen missbilligend zu ihm herüber.

„In der Tat“, sagte der Ober. „Guten Appetit. Hier ist das Messer.“
„Nein!“, schrie Wolf und fegte das Gedeck vom Tisch. „Ich kenne es. Es kann Seilchen springen. Was ist das hier für ein Restaurant!“
„Dies ist das Restaurant Erfahrungen“, sagte der Ober drohend und sah Wolf mit seinen gelben Augen durchdringend an.
Wolf sprang vom Stuhl auf und begann an Schaf zu ziehen.
„Aufwachen! Schaf! Schaf! Du bist in Gefahr! Steh auf!“

Wolf saß aufrecht im Bett und rüttelte Schaf.
„He! Was ist?“, fragte Schaf schläfrig und hob den Kopf.
„Aufwachen!“, heulte Wolf. „Um ein Haar hätte ich dich …“
Mit brennenden Augen starrte er in die Finsternis.
„Schaf!“, sagte er. Der Schweiß stand ihm auf der Stirn.
„Du bist … du warst in Gefahr. Ich hab geträumt. Es war ein Traum. Ein grauenhafter Traum. Ich hab geträumt, dass …“ Wolf biss sich auf die Hand.
„Erzähl schon“, sagte Schaf.

„Ich … ich kann nicht“, sagte Wolf. Er räusperte sich. „Schaf, pass auf! Morgen musst du ganz früh weggehen. Bevor ich aufwache.“
Schaf setzte sich auf. „Weggehen? Aber du bist krank!“
„Ja … sehr krank! Geh, so weit du kannst, so weit wie möglich von mir weg!“

„Aber warum?“, rief Schaf, den Tränen nahe. „Was hast du denn? Ist es ansteckend?“
„Es ist tödlich“, flüsterte Wolf.
Schaf schluckte.
„Hast du mich schon angesteckt?“, fragte es nach einer Weile.
„Noch nicht“, sagte Wolf. „Aber morgen, wenn ich wieder stark … ich meine, wenn ich noch schwächer bin, Schaf, dann wohl. Lass uns jetzt schlafen.“

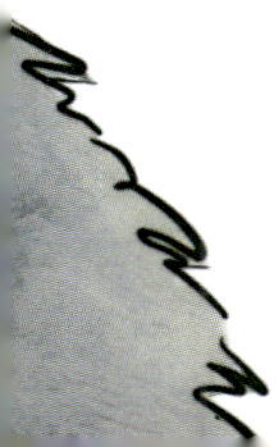

„Ja“, sagte Schaf mit weit aufgerissenen Augen.
Wolf tastete nach der Decke. „Was ist das?“, fragte er in die Dunkelheit.
„Mein Ohr“, sagte Schaf.
„Das ist aber weich“, sagte Wolf.
„Ja“, sagte Schaf. „Willst du es festhalten?“

„Ja“, flüsterte Wolf. Er hielt das weiche Fellstückchen an seine Nase. „Gute Nacht.“
„Gute Nacht“, sagte Schaf.
Es blieb wach, bis der Himmel rosa wurde.
Dann schlief es endlich ein.

Die Sonne schien freundlich zu den Fenstern herein. Schaf machte die Augen auf und blinzelte ins Licht. Licht! Es musste weg. Wolf schlief, es war noch nicht zu spät. Vorsichtig zog es sein Ohr weg. Es schlüpfte aus dem Bett, band sich den Schal um und zog die Stiefel an.

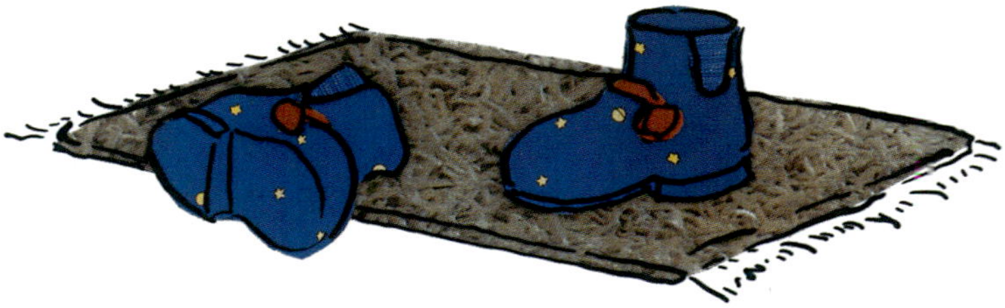

An der Tür blieb es stehen. Es schaute zu Wolf. Jetzt konnte sich niemand mehr um ihn kümmern. Draußen neben der Tür sah es ein Namensschild. *Wolf* stand in geschwungenen Buchstaben darauf. Schaf bekam ein seltsames Pfefferminzgefühl im Kopf. Ich hab ihn nach Hause gebracht, dachte es. Ganz von selbst. Und er weiß es noch gar nicht.

Wolf

Es begann die glitzernde Spur des Schlittens zurückzuverfolgen. Die Berge hinauf und durch die einsamen Täler zu seinem Haus.
Und der Schnee schien aus tausenden winzig kleinen Diamanten zu sein.

Maritgen Matter, geboren 1962, studierte nach einer Lehrerausbildung Kunst und Design an der Rietveld Akademie in Amsterdam. Sie arbeitete als freie Illustratorin und Gestalterin für verschiedene Verlage. Nach der Geburt ihres ersten Kindes begann sie auch zu schreiben. „Ein Schaf fürs Leben" ist ihr brillantes Debüt als Kinderbuch-Autorin.

Anke Faust, 1971 in Nordrhein-Westfalen geboren, studierte Kommunikationsdesign und arbeitet seit 1996 als Illustratorin für Kinder- und Schulbuchverlage. Ihre Arbeit wurde von der Stiftung Buchkunst im Rahmen der „schönsten Bücher" gewürdigt. Für Oetinger hat sie auch „Der tätowierte Hund" von Paul Maar illustriert.

„Ein Schaf fürs Leben" wurde vielfach ausgezeichnet, u. a. mit dem niederländischen Literaturpreis „Silberner Griffel" und dem Deutschen Jugendliteraturpreis. In der Begründung der Jury hierfür heißt es: „Das subtile Zusammenspiel von Erzählung und Illustration macht dieses Kinderbuch zu einem echten Kunstwerk."

„Ein Schaf fürs Leben" ist auch als MC/CD
bei IGEL-RECORDS erschienen.

Die niederländische Originalausgabe erschien bei
Em. Querido`s Uitgeverij B.V., Amsterdam,
unter dem Titel „Schaap met laarsjes"
Deutsch von Sylke Hachmeister
Einband und Illustrationen von Anke Faust
Druck und Bindung: Himmer AG, Augsburg
Printed in Germany 2008
ISBN 978-3-7891-4239-0

www.oetinger.de